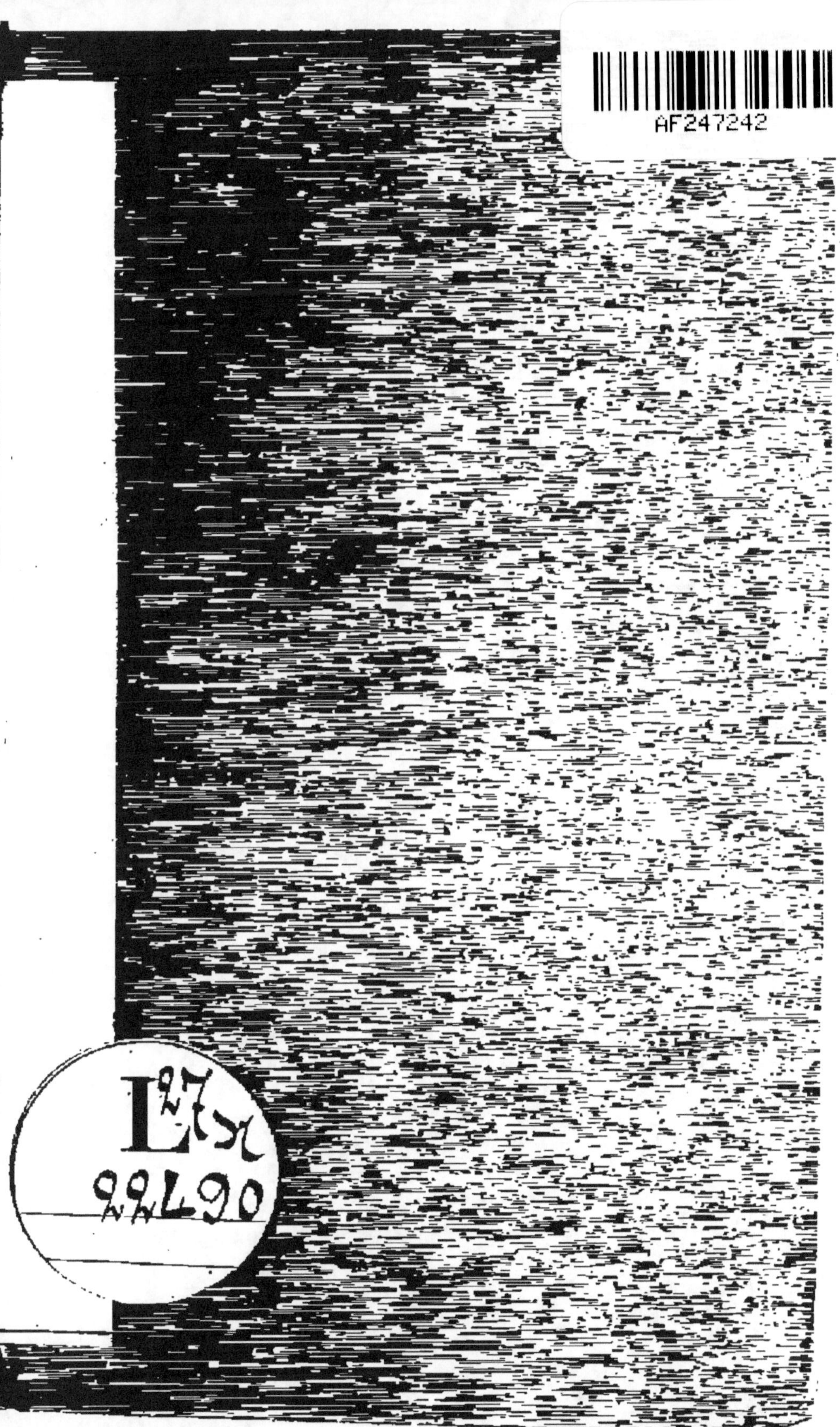

NEUVAINE

OU

COURTES MÉDITATIONS

SUR LA VIE DE

SAINT ROCH

CONFESSEUR

et patron spécial contre les maladies contagieuses.

3ᵉ ÉDITION

LIBRAIRIE DE L. LEFORT

LILLE | PARIS
rue Charles de Muyssart | rue des Saints Pères, 35

COURTES MÉDITATIONS

SUR LA VIE DE

SAINT ROCH

CONFESSEUR

PREMIER JOUR

Pauvreté évangélique.

Saint Roch appartenait à une famille noble et opulente; quelques-uns même disent à la famille des seigneurs de Montpellier. Il pouvait jouir de tous les avantages de la vie, cueillir toutes les fleurs des plaisirs, arriver aux honneurs et aux dignités..... mais il avait profondément médité la parole du Sauveur : *Bienheureux les pauvres !* Il avait appris à l'école de Bethléhem que c'est une grande sagesse de ne pas s'attacher à des biens temporels qui passent avec ceux qui les possèdent ; il avait considéré en son cœur cette couronne immortelle que Dieu réserve à ceux qui auront tout quitté pour lui ; et, arrivé à sa majorité, il vendit tous les biens que ses parents lui avaient laissés, et en distribua le prix aux pauvres. Ne fût-il pas heureux de placer ainsi son trésor aux mains de Dieu, de se préparer ainsi pour le ciel des richesses que la rouille et les vers ne peuvent lui ravir ?

Pauvres, aimons donc la pauvreté que Jésus-Christ a tant aimée ; riches, n'aimons les biens que pour en assister les malheureux ; car nous n'emporterons à la mort que ce que nous aurons donné.

BOUQUET SPIRITUEL

Saint Roch, pauvre par amour pour Jésus-Christ, priez pour nous.

PRIÈRE

Saint Roch, qui avez abandonné tous vos

biens afin de pouvoir suivre Jésus-Christ, plus heureux et plus sage que le jeune homme de l'Evangile, dont les richesses empêchèrent le salut, daignez, en ces jours de calamités, prier pour nous, afin que, délivrés des fléaux qui nous menacent, nous en tirions cependant une utile leçon; que voyant l'instabilité des choses humaines, nous apprenions à nous détacher des biens qui passent si vite, et à les partager charitablement avec nos frères malheureux. Par Jésus-Christ Nòtre-Seigneur. Ainsi soit-il.

DEUXIÈME JOUR

Charité.

Saint Roch, devenu pauvre, et par conséquent libre, prit la robe de pèlerin et s'en alla en Italie, pour visiter les tombeaux des saints apôtres; mais à peine fut-il arrivé en la ville d'Aqua-Pendente, qu'ayant appris que la peste sévissait avec une extrême rigueur, il résolut d'aller à l'hôpital servir et consoler les pauvres malades.

Admirons ici la force que Jésus-Christ inspire à ceux qui sont tout à lui : il les dépouille des faiblesses naturelles; rien ne les rebute, rien ne les effraie.... Qui donc pourrait les séparer de la charité de Jésus-Christ? Et où se montre avec plus d'éclat cette charité admirable que dans l'amour du prochain? Quel plus beau moment pour ceux qui chérissent le Sauveur, que celui où, se dévouant au salut de leurs frères, affrontant au chevet des mourants le danger de l'épidémie et les horreurs de la mort, ils peuvent dire à Jésus : « Seigneur, vous voyez que je vous aime, puisque c'est en votre nom que je méprise la vie et que je sers mes frères, dussé-je en mourir! » Toutes les œuvres admirables de charité qui se font dans l'Eglise s'accomplissent en vertu de cette parole sacrée : Aimez le prochain comme vous - même : c'est là le second commandement, égal au premier. Tâchons de prendre part à quelques-unes de ces œuvres, si grandes, si excellentes; et si nous ne pouvons, comme saint Roch, nous dévouer tout entiers au service de nos frères, donnons-leur toutefois la dîme de notre temps, de nos ressources, de nos prières.

BOUQUET SPIRITUEL

Jésus, Père des pauvres, ayez pitié de nous. Saint Roch, consolateur des pauvres, priez pour nous.

PRIÈRE

Bienheureux pèlerin, instruit à l'école du divin Maître, vous qui aimiez vos frères comme vous-même et vous empressiez avec tant d'ardeur à les servir, daignez prier pour nous, et prendre à notre égard ces sentiments si tendres qui vous animaient à l'égard des pauvres et des malades que vous visitiez. Nous aussi, nous vous invoquons dans nos misères, daignez nous obtenir la cessation du fléau qui nous menace, et nous faire parvenir, après le pèlerinage de cette vie, à ce repos céleste dont vous jouissez. Par Jésus-Christ, etc.

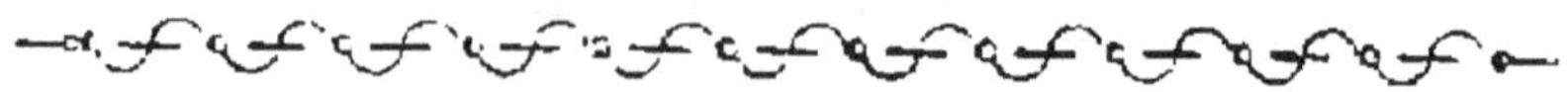

TROISIÈME JOUR

Foi et prière.

Parvenu près des malades, le Bienheureux, pénétré de compassion, éleva son cœur à Dieu, l'invoqua et fit le signe de la croix sur les pestiférés. Aussitôt tous furent guéris. Ce miracle éclatant, admirable, fut obtenu de la puissance de Dieu, par la foi vive et la prière fervente de saint Roch. Il avait entendu, il avait compris cette parole : *Si vous aviez de la foi comme un grain de sénevé, vous diriez à cette montagne : Otez-vous de là et jetez-vous dans la mer. La montagne vous obéirait !* Il avait compris quelle force possède la prière émanée de la foi, quelle sainte violence elle peut faire au Ciel, alors surtout que nous l'implorons pour nos frères et non pour nous-mêmes.... Comme le Bienheureux, nous pouvons prier... Nous avons le même Dieu pour père, le même Sauveur pour avocat; nous pouvons montrer comme lui au souverain Maître le sang et les plaies de Jésus ; les mêmes moyens sont entre nos mains : d'où vient que notre prière est si froide et qu'elle demeure presque toujours inefficace ? Ah ! c'est que la foi nous manque. Croyons que Dieu est tout-puissant, qu'il est tout bon, qu'il est toujours prêt à écouter les vœux de l'homme, qu'il a promis lui-même qu'à la foi de la prière répondrait l'abondance des bienfaits. Croyons cela, imprimons cette pensée dans notre esprit avant de prier ; et alors, nous prierons bien, nous prierons comme les saints, avec la juste confiance d'être exaucés.

BOUQUET SPIRITUEL

Seigneur, augmentez en nous la foi ! Seigneur, apprenez-nous à prier !

PRIÈRE

Bienheureux serviteur de Dieu, dont la foi a été si puissante sur le cœur de notre commun maître, obtenez-nous, je vous en supplie, l'esprit de prière, don précieux de la bonté divine. Que, défiants de nos propres forces, nous nous confiions uniquement en la puissance, en la miséricorde de notre Dieu, attendant de lui seul la fin des maux qui nous affligent, comme des enfants attendent tout de la bonté d'un père aussi tendre que puissant. Nous vous en prions par Jésus-Christ, etc.

QUATRIÈME JOUR

Patience.

Après avoir parcouru plusieurs villes d'Italie, en servant. consolant et guérissant les pestiférés, le bienheureux Roch, se trouvant une nuit couché dans une salle de l'hôpital de Plaisance, fut averti par une voix céleste qu'il serait atteint lui-même de la contagion. En effet, dès le lendemain, il se sentit attaqué de la cruelle maladie, à laquelle se joignait une plaie douloureuse au genou. Les habitants de Plaisance, oubliant les charitables services du Saint, le bannirent de leur ville, et seul, mourant, accablé de souffrances, il n'eut d'autre asile qu'une petite hutte au fond d'un bois. Quelle épreuve! A la douleur physique se joignait l'amertume de cœur, causée par l'ingratitude des hommes et par le délaissement le plus complet ; et pourtant le Bienheureux, dans cette position si triste au jugement humain, ne laissa pas échapper une plainte, et n'éleva pas même vers son Dieu un de ces cris puissants qui jadis avaient obtenu tant de guérisons, tant de si admirables miracles. Celui qui, par charité pour ses frères, obtenait de si grandes choses lorsqu'il s'agit de lui-même, ne sut rien que se taire, souffrir, bénir le Sauveur Jésus, auquel il s'unissait dans ses souffrances et son abandon. Est-ce ainsi que nous souffrons ? Quand le Seigneur nous fait la grâce que jadis il accorda à Simon le Cyrénéen, quand il nous permet de porter la croix à sa suite, ne déshonorons-nous pas ce glorieux fardeau par nos murmures, nos dégoûts, nos révoltes, foulant ainsi aux pieds des mérites qu'il nous serait si facile d'acquérir ? Et pourtant, qu'est-ce que nos croix de chaque jour ? *Avons-nous résisté jusqu'au sang ?*

BOUQUET SPIRITUEL

Dans la croix est le salut, dans la croix est la vie !

PRIÈRE

Saint Roch, généreux confesseur de Jésus-Christ, qui avez suivi le Fils de l'homme jusqu'au Calvaire, daignez nous obtenir cet esprit de patience et de douceur, avec lequel vous avez accepté les malheurs de la vie, soit qu'ils vous vinssent de la part des hommes ou de la main même de Dieu. Priez pour nous, afin que nous opposions aux fléaux dont nous sommes menacés, une sainte résignation qui désarme sa justice et l'engage à répandre sur nous ses divines miséricordes. Par Jésus-Christ, etc.

CINQUIÈME JOUR

Humilité.

Saint Roch, guéri de la peste et ayant recouvré quelques forces, quitta l'Italie et reprit le chemin de la France. Arrivé aux portes de Montpellier, il fut, à cause de ses pauvres habits et de son air étranger, pris pour un espion, et traîné comme tel, au milieu des soldats, devant le gouverneur de la ville. Ce gouverneur était le propre oncle du Bienheureux. Un seul mot pouvait rendre le saint captif à la liberté, et changer en honneurs les ignominies et les durs traitements; mais Roch, au comble de ses vœux, satisfait d'être proscrit et humilié, n'eut garde de se faire reconnaître de son parent. Il profita du changement que les années avaient apporté dans ses traits, pour goûter en entier le calice des souffrances et des insultes, et elles ne lui furent pas épargnées. Jeté dans une sombre prison, à deux pas du château de ses ancêtres, méprisé, bafoué, rebuté de tous, il trouva dans cet abîme de misères une profonde paix, par la conformité où il se voyait avec son divin Seigneur. Comme Jésus il était captif, comme Jésus il était chargé de chaînes, comme Jésus il était l'objet des insultes et des mépris, comme Jésus il se voyait délaissé de la terre entière. C'était assez de joie pour cette âme héroïque. Toujours saint Roch avait dédaigné les grandeurs du monde; toujours il avait préféré la vie cachée à l'éclat de la fortune: aussi était-il rempli de paix en se voyant méconnu de ses proches, pauvre parmi les pauvres, suspect et en horreur à tout le monde. Oh! que l'orgueil humain, si amoureux de titres, de vanités, de puérilités même, pourvu qu'elles brillent, sera confondu au dernier jour, lorsqu'il verra cette humilité profonde des saints, cette *folie de la croix* devenue sagesse, et qu'il sera forcé de dire, honteux et vaincu : *Je me suis donc trompé !*

BOUQUET SPIRITUEL

Dieu se plaît dans les cœurs élargis par la charité, approfondis par l'humilité. (*S. François de Sales.*)

PRIÈRE

Illustre Saint, nous ne pouvons que marcher de bien loin sur vos traces et admirer, dans le silence, les actes prodigieux d'humilité que l'amour de Jésus vous fit accomplir ; mais nous désirons ardemment acquérir la seule connaissance nécessaire à l'homme, celle de notre néant et de notre misère, afin que Dieu, qui n'a jamais rejeté un cœur contrit et humilié, soit touché par nos soupirs et les aveux de notre dépendance, et qu'il exauce les prières que nous formons par votre intercession et par les mérites de Jésus-Christ. Ainsi soit-il.

SIXIÈME JOUR

Douceur

Le Bienheureux passa cinq longues années dans ce cachot, édifiant son geôlier, le seul homme qui le visitât, par son incomparable douceur. La paix dont jouissait son âme se répandait sur son extérieur, et y imprimait cette mansuétude et cette bienveillance qui semblent le cachet des élus.

Tous les saints ont cherché à imiter le divin modèle, Jésus, qui était par excellence doux et humble de cœur, de qui le prophète avait dit : *Il ne disputera point... on n'entendra pas sa voix dans les places publiques, il ne brisera pas le roseau cassé, il n'éteindra pas la mèche qui fume encore.* Il est, semble-t-il, trois manières d'être doux : envers Dieu, envers le prochain, envers soi-même. Envers Dieu, en supportant sans murmure et avec une tranquille résignation, les épreuves que sa providence nous envoie pour nous purifier ; envers le prochain, en le supportant dans son infirmité, dans sa misère temporelle et spirituelle, en apportant un suave esprit de paix parmi les dissensions, et en présentant toujours le pardon à ceux qui cherchent à nous nuire ; envers soi-même, en se supportant dans ses imperfections, dans ses pauvretés d'esprit et de cœur, et en se redressant sans empressement ni vaine impatience. *Bienheureux ceux qui sont doux !* ils possèdent la terre par la paix de leur conscience et par leur union avec le prochain ; ils posséderont le ciel par leur heureuse ressemblance avec l'Agneau divin, modèle de toute douceur !

BOUQUET SPIRITUEL

Apprenez de moi que je suis doux de cœur. MATTH.

PRIÈRE

Glorieux saint Roch, qui avez possédé votre âme en paix par la patience et la douceur, qui, au fond d'un cachot, étiez vraiment libre par l'empire que vous avez acquis sur vos passions, priez pour nous, afin que nous supportions avec un esprit égal et soumis les diverses épreuves qui nous assiégent ! et que, répondant aux desseins de Dieu par notre résignation, nous méri-

tions d'être délivrés des maux qui nous affligent.
Par Jésus-Christ, etc.

SEPTIÈME JOUR

Détachement

Dès ses premières années, saint Roch parut
entendre le conseil que le Sauveur du monde
adressait à ce jeune homme qui lui demandait
le chemin de la perfection : *Quittez tout et sui-
vez-moi !* Et chaque sacrifice amena un sacrifice
nouveau, plus grand et plus généreux. Il com-
mença par abandonner les richesses ; libre de
leurs poids importun, il offrit sa vie en se dévouant au service des pestiférés ; plus tard il
immola les biens qui d'ordinaire sont plus chers
à l'homme que l'existence même, sa réputation
et sa liberté, prouvant ainsi au Seigneur, par ces
combats incessants contre la nature, un amour
de plus en plus héroïque. Les saints sont hommes comme nous ; comme nous, ils tiennent à
la vie, ils estiment la fortune, ils chérissent
l'honneur, ils font cas de la liberté, et s'ils sa-
vent renoncer à des affections si fortement rivées

au cœur humain, c'est que leur âme est transportée d'un sentiment surnaturel, du sentiment de l'amour divin. Ils sont détachés de la terre parce qu'ils convoitent le ciel; ils sont détachés d'eux-mêmes parce qu'ils aiment Jésus. L'Imitation dit : *Si vous étiez une fois bien entré dans le cœur de Jésus, et que vous eussiez goûté son ardent amour, vous ne vous soucieriez alors aucunement de ce qui pourrait vous être avantageux ou préjudiciable ; mais vous vous réjouiriez plutôt d'être dans l'opprobre, parce que l'amour de Jésus porte l'homme à se mépriser soi-même.* Heureux qui connaît ce secret d'amour, et qui, avant la fin de la vie, détaché de tout ce qu'il va perdre, ne désire plus que les biens immuables et éternels !

BOUQUET SPIRITUEL

Seigneur Jésus, attirez-moi tout à vous !

PRIÈRE

Grand Saint qui avez véritablement regardé la terre comme un lieu d'exil et le ciel comme votre patrie, obtenez-nous, en ces jours de craintes et de punitions, le détachement des biens terrestres et passagers; que, par le secours de vos prières, nous aspirions à la vie éternelle, où, de concert avec vous, nous louerons et bénirons le Seigneur dans les siècles des siècles. Amen.

HUITIÈME JOUR

Mort.

Une vie toute de vertus et de sacrifices devait être couronnée par une mort sainte et précieuse. Saint Roch, après cinq ans d'une dure captivité, vit approcher plein de joie le moment de son éternelle liberté. Par les soins du geôlier, que ses vertus avaient attendri, il put recevoir les derniers sacrements; et, muni du Pain des forts, il ne sentit plus qu'un désir, c'était de quitter son corps pour être avec Jésus-Christ. Le moment vint : le Bienheureux, délaissé de la terre entière, entendit dans son cœur cette douce parole : *Voici l'Epoux qui vient !* et aussitôt son âme s'élança au-devant de ce cher Epoux qu'elle avait aimé, servi, imité. Les saints, au moment de la mort, où la terre n'a plus de prestiges, où la vérité s'offre sans voile, trouvaient que l'éternité, l'heureuse, l'immense éternité, était bien peu payée par vingt, trente, quarante, cinquante ans de pénitence et de sacrifice. Ils comparaient leur vie, qui n'étaient plus qu'un songe, avec ces espaces ouverts devant leurs yeux, et ils s'extasiaient en pensant que le travail de quelques années leur avait acquis une telle récompense. De là leur paix; de là leurs saintes délices... Puissions-nous, comme eux, au moment de l'agonie, en jetant un coup d'œil en arrière, contempler des devoirs accomplis, les desseins de Dieu exécutés, l'œuvre de la vie consommée enfin dans la mesure de perfection à laquelle nous étions appelés !

BOUQUET SPIRITUEL

Heureux ceux qui meurent dans le Seigneur !

PRIÈRE

Saint ami de Dieu, votre vie d'abnégation fut couronnée par la plus sainte des morts ; nous venons aujourd'hui solliciter de vous cette grâce de la persévérance finale, la plus désirable de

toutes. Que nous mourions de la mort des justes,
afin qu'enlevés aux calamités de la vie, nous
puissions jouir avec vous des biens éternels !
Par Jésus-Christ, etc.

NEUVIÈME JOUR

La gloire du Saint.

A peine saint Roch fut-il expiré, que son
geôlier, voyant son visage radieux et éclairé
d'une lumière céleste, s'écria : *Le Saint est mort !*
Ce cri fut entendu et répété ; le cachot se remplit
d'une foule pieuse qui venait admirer ce corps
glorifié ; l'aïeule de saint Roch, qui vivait encore,
voulut aussi s'approcher de ce lit de mort ; mais
à peine eut-elle jeté un regard sur les traits
du Bienheureux, qu'elle s'écria, fondant en
larmes : « C'est mon petit fils ! » Le signe de la
croix que, depuis sa naissance, il portait gravé
sur sa poitrine, servit encore mieux à le faire
reconnaître, et des honneurs extrêmes furent
rendus dès lors à ses restes mortels. Le renom
de sa sainteté se répandit par toute l'Europe ; le

concile de Constance l'invoqua publiquement comme un puissant protecteur contre le fléau des maladies contagieuses ; on vit, dans toutes les contrées catholiques, des églises, des chapelles, des confréries érigées en son nom, et Dieu se plut à y manifester, par des miracles, la puissance de son serviteur.

Quelle gloire que celle des saints ! C'est bien en parlant d'eux que la sainte Ecriture dit : *Pas un de leurs ossements ne restera dans l'oubli !* Le Dieu si bon, le Maître magnifique que nous servons, non content des délices dont il enivre ses élus, veut glorifier avec éclat, produire avec le plus grand honneur, aux yeux des hommes, ceux qui sur la terre furent obscurs et méprisés pour son nom. Quel motif pour l'aimer ! Quel motif aussi pour honorer d'un culte plus assidu ceux qu'il chérit tant lui-même !

BOUQUET SPIRITUEL

Jésus, couronne de tous les saints, ayez pitié de nous.

PRIÈRE

O Dieu, admirable en vos saints, honoré par

les hommages que nous leur rendons, daignez nous accorder, par l'intercession de saint Roch, votre serviteur, la délivrance des fléaux dont nous sommes menacés, la patience dans les afflictions, et la vie bienheureuse que nous osons espérer. Par Jésus-Christ, etc.

Cœur sacré de Jésus, ayez pitié de nous.
Cœur immaculé de Marie, priez pour nous.

FIN

A la même librairie :

MARIE PROTECTRICE DE LA FRANCE, neuvaine pour obtenir l'intercession de la sainte Vierge dans les temps présents. in-32. . . . . » 25

DE LA CONFIANCE EN DIEU dans les calamités publiques. in-32. . » 25

SAINT ROCH, confesseur, invoqué comme protecteur spécial dans les temps de peste et de contagion. grand in-32. . » 10

☞ Une remise en exemplaires est accordée proportionnellement aux demandes de ces ouvrages.

— LILLE TYP. L LEFORT 1866 —